슬기로운 초등 입학 준비를 위한

자신만만

1학년

**자신만만한 1학년이 되고 싶은 친구들,
여기 모두모두 모여요!**

사랑스러운 우리 친구들을 위해
이은경 선생님이 재미있고, 새롭고, 신나고, 귀여운 것들을
가득가득 준비했어요.
학교에 들어가기 전 우리 친구들이 느낄 걱정을
한 방에 해결할 열쇠가 바로 이 책에 있답니다.

이 책에서 친구들이 하게 될 활동이 무엇일지 정말 궁금하죠?
복잡한 구구단일까요? 어려운 맞춤법일까요?

땡, 모두 아니에요!

이 책에서 다루는 활동은 결코 복잡하거나 어렵지 않아요.
자신만만한 1학년이 되고 싶은 우리 친구들이
미리 해 봐야 할 즐거운 활동으로 꽉 채워져 있답니다.
이 책에 나온 활동들을 모두 하고 나면,
진짜 1학년이 되어 공부하고 생활하고 숙제하는 데
전혀 어려움 없이 척척 해낼 수 있을 거예요.
정말 이것만 하면 되냐고요? 네, 그래요!

「자신만만 1학년」 시리즈의 다양한 활동을
한 번씩만 해 보면 1학년 수업은 식은 죽 먹기가 될 거예요!

1. 색연필로 색칠하고 그려요

소근육이 크게 발달하는 1학년 아이들에게는 연필보다 색연필이 훨씬 좋은 필기구가 되어 줄 거예요. 의젓한 자세로 뾰족한 연필을 들고 글씨를 또박또박 써 내려가려면, 뭉툭하지만 단단한 색연필로 먼저 써 보는 경험이 필요하답니다.

색연필처럼 뭉툭하게 잘 써지는 사인펜을 좋아하는 친구도 있겠지만, 사인펜은 추천하지 않아요. 색연필에 비해 너무 미끄럽거든요. 색연필로 색칠하고 따라 그리다 보면 연필로 글씨를 바르게 쓰는 데 도움이 된답니다.

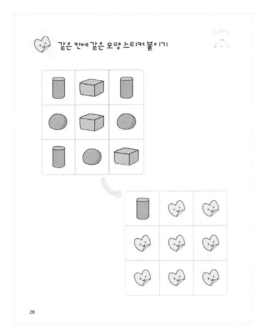

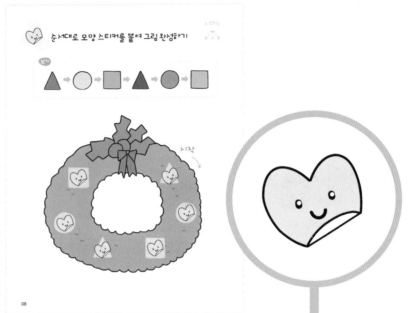

2. 스티커를 찾아 붙여요

스티커를 떼어 알맞은 곳에 붙이는 활동은 초등학교 교과서에도 자주
등장하는 중요한 활동이에요. 입학하기 전에 스티커 떼어 붙이기를 충
분히 해 본 아이는 교과 수업에 자신감을 가질 수 있어요.

얼핏 단순한 놀이처럼 보이지만, 스티커를 떼어 정확한 위치에 붙이
는 활동은 뇌와 눈과 손이 정확하게 협응해야만 가능한 일이에요. 아이
에게 도움을 많이 주는 복잡한 활동이자, 소근육을 즐겁게 사용하도록
유도하는 만능 통치약 같은 활동이랍니다.

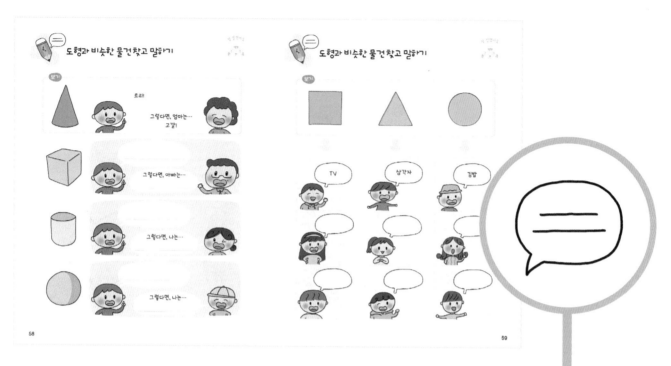

3. 천천히 큰 소리로 읽어요

이제 막 초등학교에 입학할 아이에게 한글 읽기는 부담스럽고 두려운 숙제가 될 수 있어요. 한글을 먼저 떼고 줄줄 읽는 친구들이 주변에 하나둘 생기면서 아이가 벌써부터 공부에 거부감이 들거나 흥미를 잃기도 해요.

아직 한글 읽기에 익숙하지 않다면, 아이가 읽을 만한 글자를 찾아 더듬더듬 한 글자씩이라도 읽을 때마다 크게 칭찬해 주세요. 아빠, 엄마가 억지로 읽어 보게 시키거나 잘 읽지 못했다고 혼내지 않기 위해 마음을 다잡아 주세요. 책을 잘 읽는 아이라면 천천히 큰 소리로 읽게끔 유도해 주세요.

4. 연필로 또박또박 써요

아이의 1학년 입학을 앞둔 아빠, 엄마의 조급한 마음을 잘 알고 있습니다만 누가 더 빨리 연필을 잡고 글씨를 쓰느냐로 결정되는 건 아무것도 없답니다. 한글을 먼저 읽는 순서대로 좋은 대학에 합격하는 것이 아니듯, 쓰기를 시작하는 시기 역시 크게 중요한 건 아니에요. 아이가 이 책을 여기저기 넘기면서 천천히 숫자를 연필로 써 보고, 선을 연결하고, 여러 가지 모양을 그려 보는 걸로 충분하답니다. 이러한 과정에서 자연스럽게 연필 잡는 법도 익히고, 여러 가지 모양의 차이까지 깨치게 될 거예요. 그때가 되면 세상에서 가장 큰 박수로 아이의 성장을 기뻐하는 아빠, 엄마가 되어 주세요.

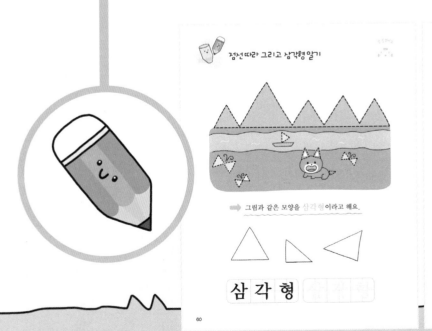

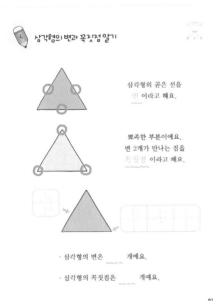

이렇게 공부할래요!

정답은 **88쪽**에

모양 찾기

같은 모양끼리 같은 색으로 색칠하기

보기

같은 모양끼리 연결하기

모양이 같은 물건 찾아 같은 색으로 색칠하기

보기

모양이 같은 물건 찾아 스티커 붙이기

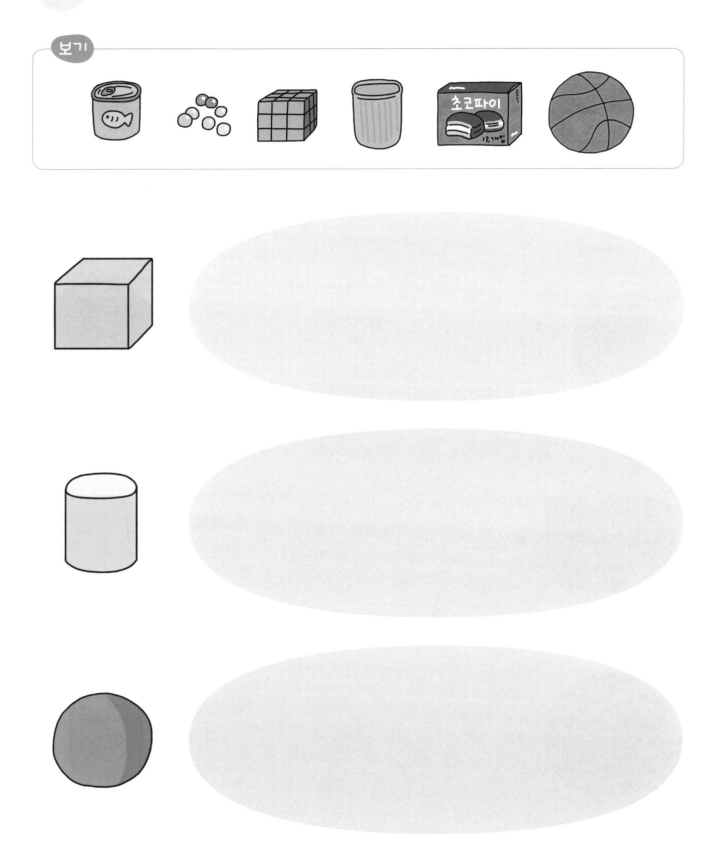

그림자에 알맞은 물건을 찾아 연결하기

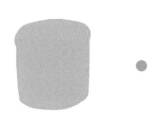
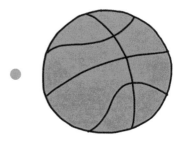

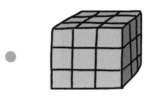

같은 모양끼리 같은 색으로 색칠하기

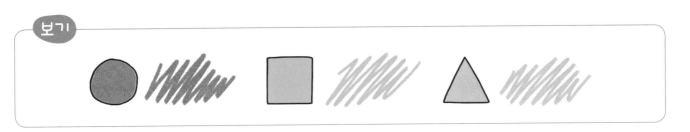

보기

같은 모양끼리 같은 색으로 색칠하기

모양에 맞게 표시하기

참 잘했어요

보기

  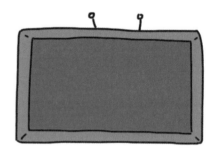

 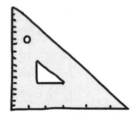 

같은 모양끼리 같은 색으로 표시하기

참 잘했어요

같은 모양끼리 같은 색으로 표시하기

그림자에 알맞은 물건 찾아 연결하기

참 잘했어요

모양의 일부를 보고, 같은 모양끼리 연결하기

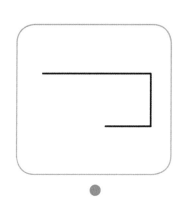

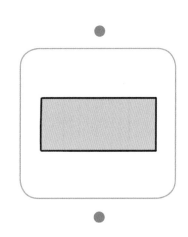

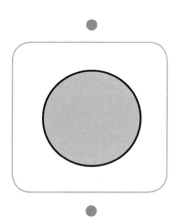

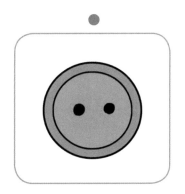

모양의 일부를 보고, 같은 모양끼리 연결하기

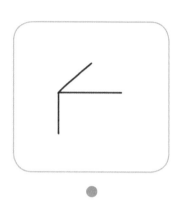

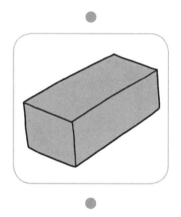

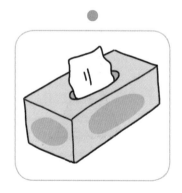

각 모양의 색깔대로 색칠하여 그림 완성하기

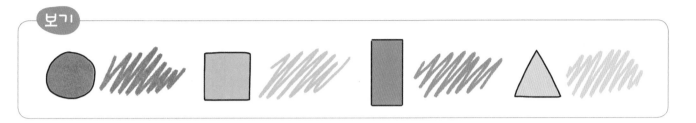

보기

각 모양의 색깔대로 색칠하여 그림 완성하기

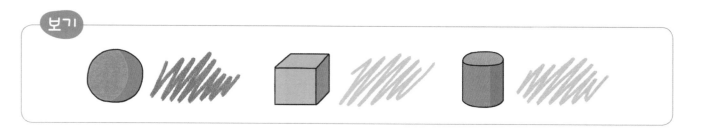

보기

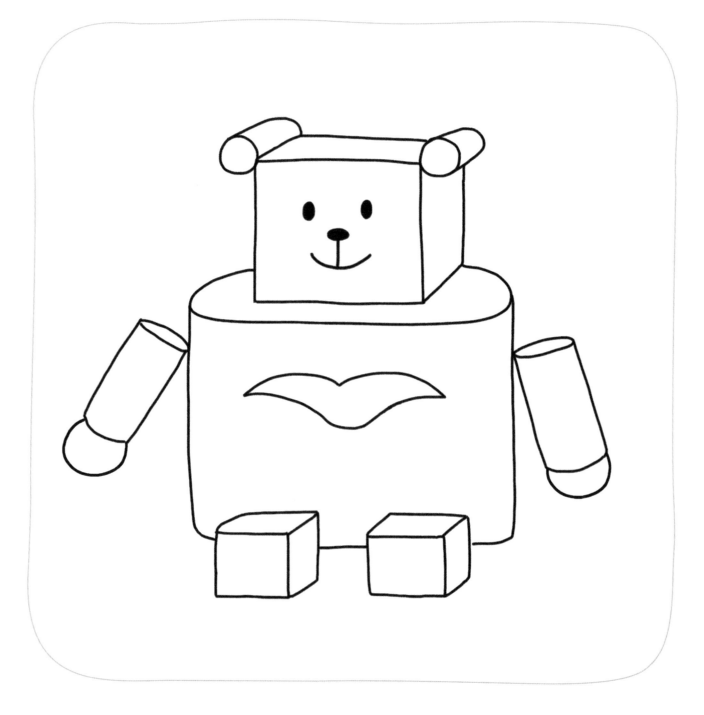

집에 있는 물건은 모양이 다양해.
네 물건을 도형으로 그려 줄래?

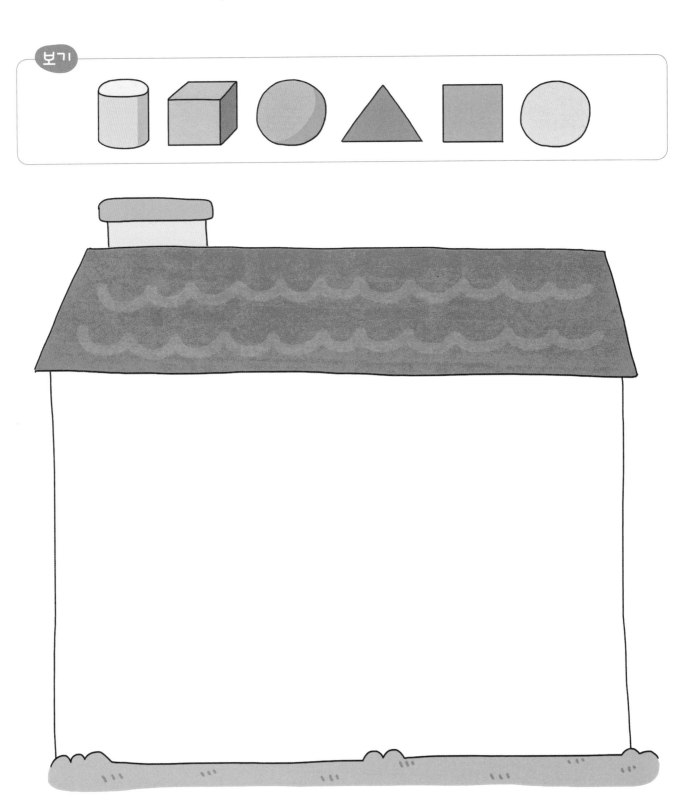

2

같은 모양, 같은 자리

- 같은 칸에 같은 모양 스티커 붙이기
- 스티커 활용하여 그림과 똑같이 만들기
- 같은 칸에 같은 모양 스티커 붙이기
- 같은 칸에 모양 색칠하기
- 모양을 똑같이 옮겨 그리기
- 다른 그림 3군데 찾아 동그라미 하기
- 순서대로 모양 스티커를 붙여 그림 완성하기

같은 칸에 같은 모양 스티커 붙이기

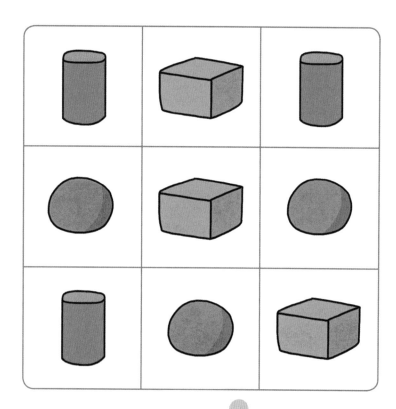

같은 칸에 같은 모양 스티커 붙이기

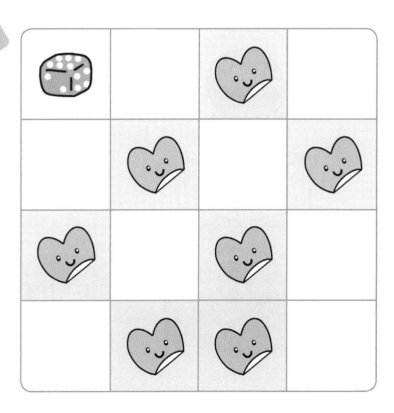

스티커 활용하여 그림과 똑같이 만들기

스티커 활용하여 그림과 똑같이 만들기

같은 칸에 같은 모양 스티커 붙이기

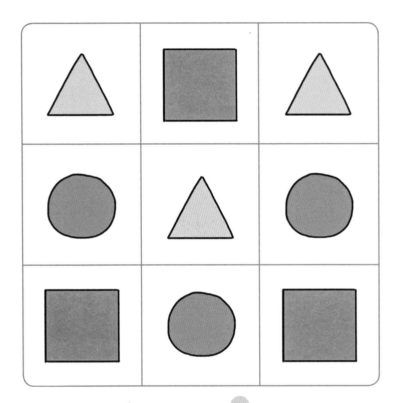

같은 칸에 같은 모양 스티커 붙이기

33

같은 칸에 모양 색칠하기

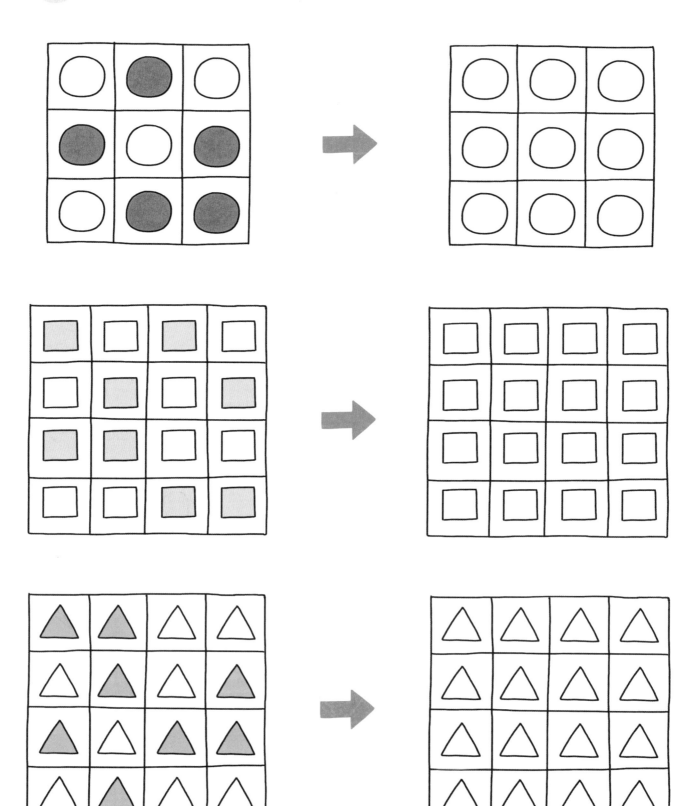

모양을 똑같이 옮겨 그리기

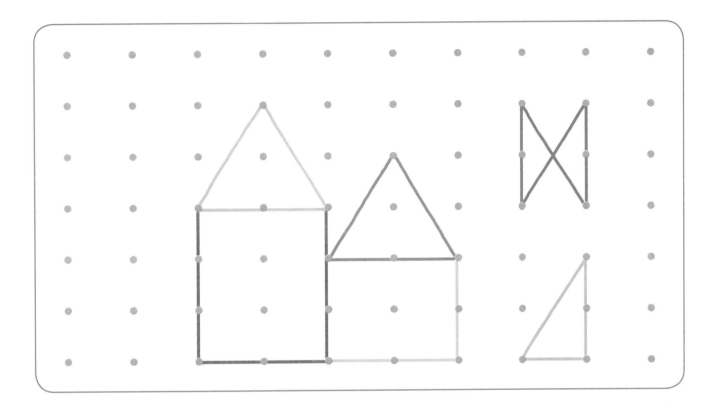

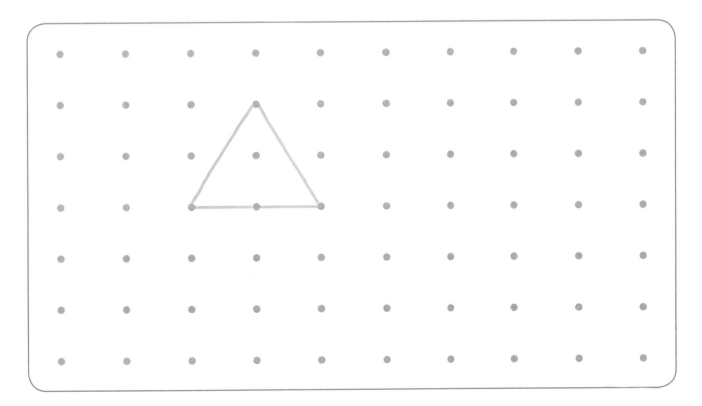

다른 그림 3군데 찾아 동그라미 하기

예시
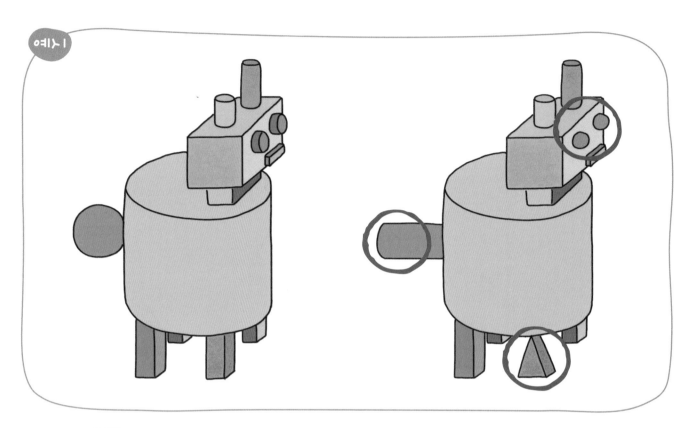

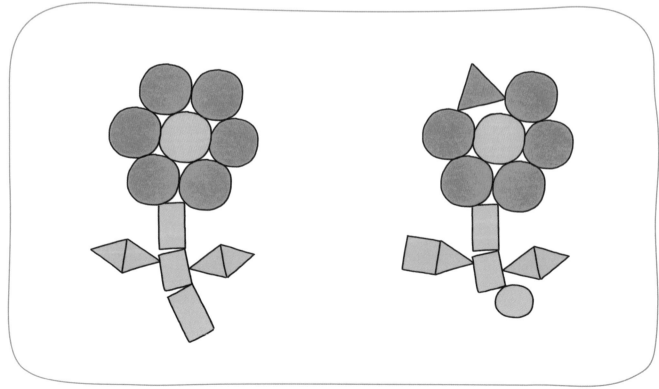

다른 그림 3군데 찾아 동그라미 하기

순서대로 모양 스티커를 붙여 그림 완성하기

참 잘했어요

보기

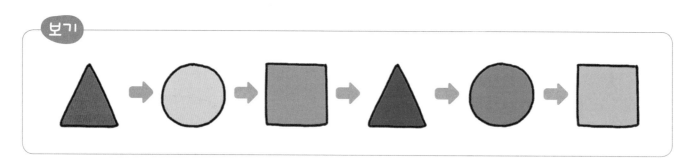

시작

여섯 가지 모양을 활용해서
세상에 하나뿐인 나만의 집을 그려 보세요.

3

모양 비교하기

- 높이 쌓을 수 있는 물건 찾아 동그라미 하기
- 잘 굴러가는 물건 찾아 동그라미 하기
- 잘 세울 수 있는 물건 찾아 동그라미 하기
- 그림과 어울리는 모양 찾아 동그라미 하기
- 바닥에 대고 그리면 나오는 모양에 표시하기
- 모양의 뾰족한 부분에 동그라미 하기
- 스티커를 같은 모양끼리 나누어 붙이기
- 모양의 나머지 반쪽 그려 완성하기
- 접었다 펼친 모양 바르게 연결하기
- 주어진 모양으로 만들 수 있는 그림 모두 찾기
- 주어진 모양으로 만든 그림자 연결하기
- 잘린 부분에 어울리는 모양 찾아 연결하기

높이 쌓을 수 있는 물건 찾아 동그라미 하기

참 잘했어요

잘 굴러가는 물건 찾아 동그라미 하기

잘 세울 수 있는 물건 찾아 동그라미 하기

참 잘했어요

잘 세울 수 있는 물건 찾아 동그라미 하기

그림과 어울리는 모양 찾아 동그라미 하기

바닥에 대고 그리면 나오는 모양에 표시하기

참 잘했어요

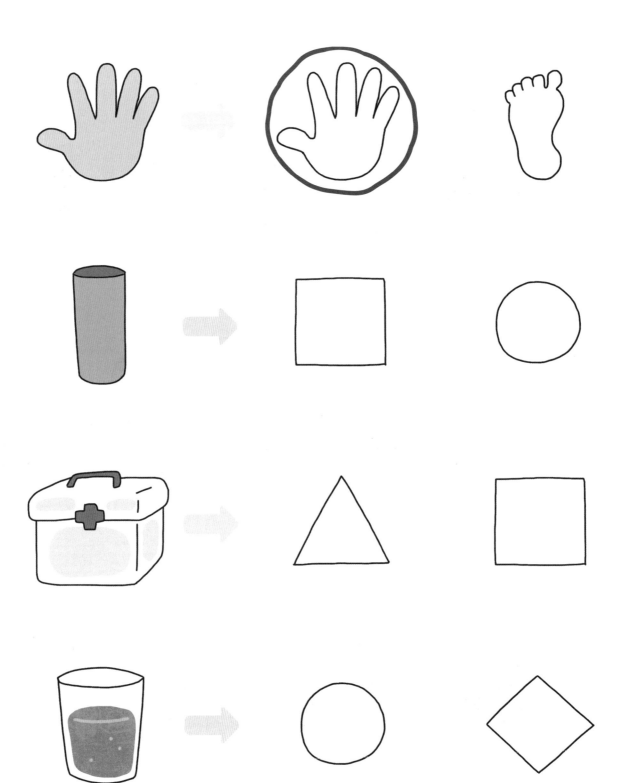

모양의 뾰족한 부분에 동그라미 하기

창 잘했어요

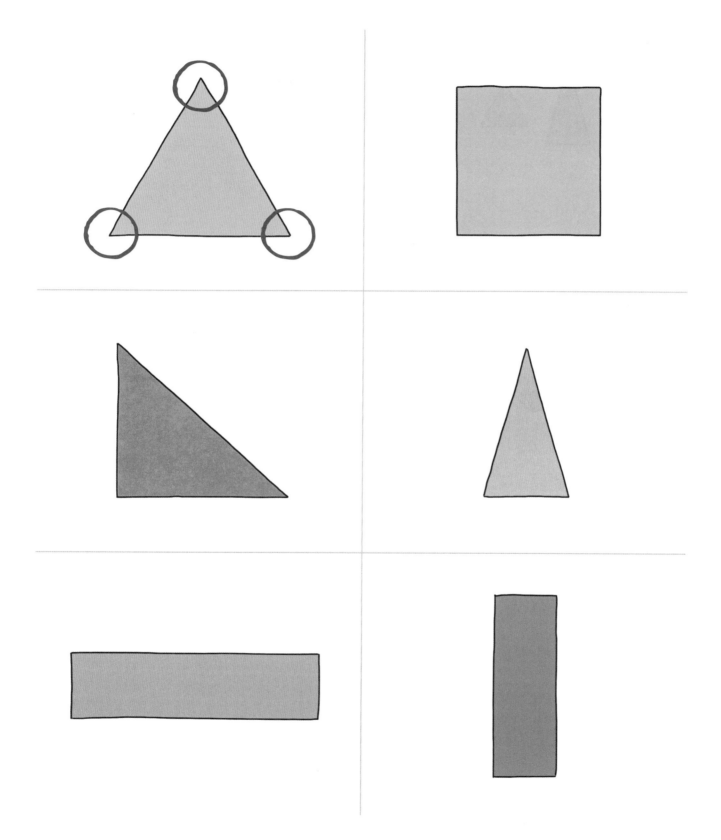

 스티커를 같은 모양끼리 나누어 붙이기

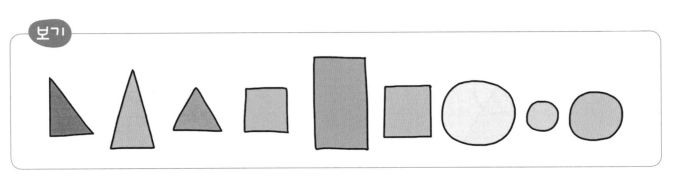

보기

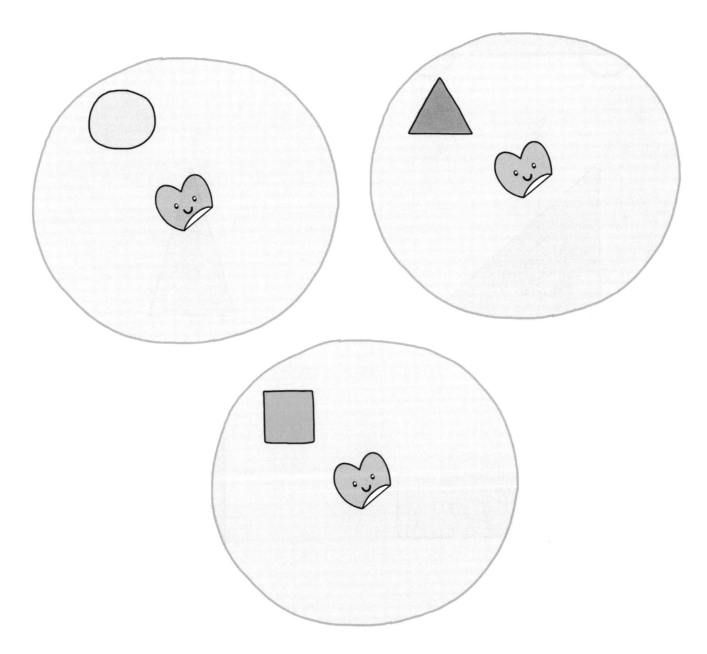

스티커를 같은 모양끼리 나누어 붙이기

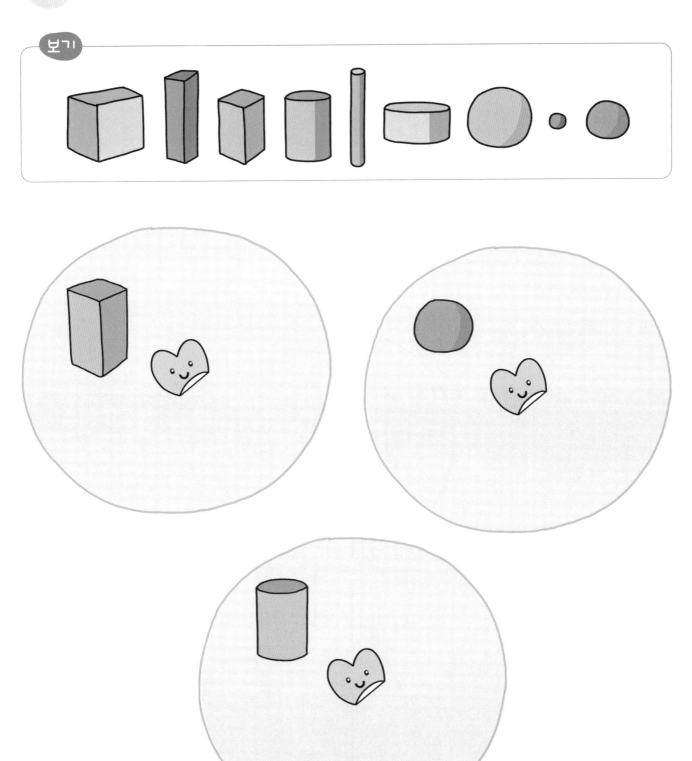

스티커를 같은 모양끼리 나누어 붙이기

모양의 나머지 반쪽 그려 완성하기

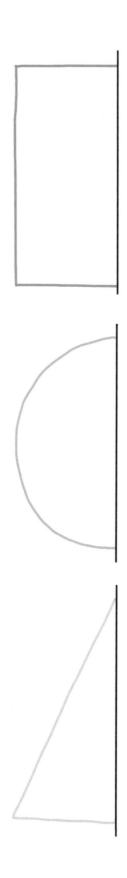

접었다 펼친 모양 바르게 연결하기

참 잘했어요

주어진 모양으로 만들 수 있는 그림 모두 찾기

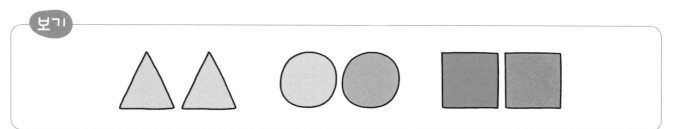

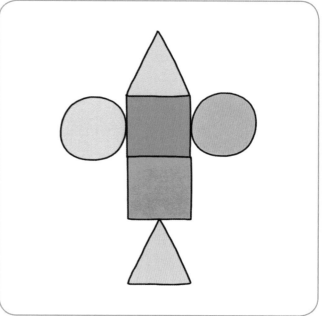

주어진 모양으로 만든 그림자 연결하기

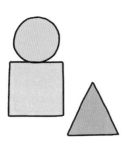

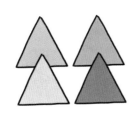

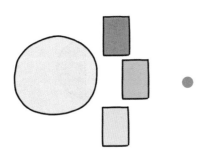

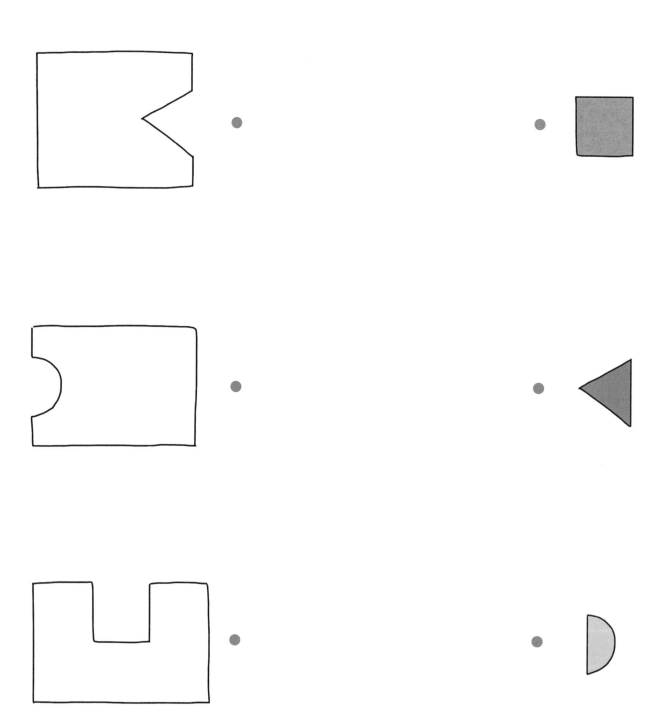

가족들과 캠핑을 하러 왔어요.
캠핑장에서 여러 모양을 찾아보세요.

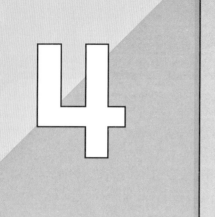

4

모양 이름 알기

- 도형과 비슷한 물건 찾고 말하기

- 점선 따라 그리고 삼각형 알기

- 삼각형의 변과 꼭짓점 알기

- 점선 따라 그리고 사각형 알기

- 사각형의 변과 꼭짓점 알기

- 점선 따라 그리고 원 알기

- 알맞은 모양과 이름 연결하기

- 여러 가지 모양 찾기

- 변과 꼭짓점 찾기

- 아이스크림 가게까지 삼각형 따라가기

도형과 비슷한 물건 찾고 말하기

참 잘했어요

보기

트리!

그렇다면, 엄마는…
고깔!

그렇다면, 아빠는…

그렇다면, 나는…

그렇다면, 나는…

도형과 비슷한 물건 찾고 말하기

점선따라 그리고 삼각형 알기

➡️ 그림과 같은 모양을 삼각형이라고 해요.

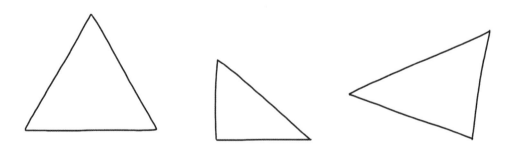

 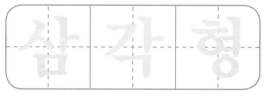

삼각형의 변과 꼭짓점 알기

참 잘했어요

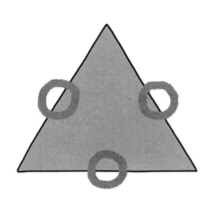

삼각형의 곧은 선을
변 이라고 해요.

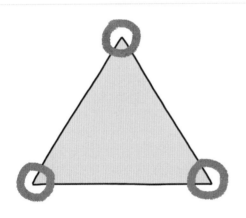

뾰족한 부분이에요.
변 2개가 만나는 점을
꼭짓점 이라고 해요.

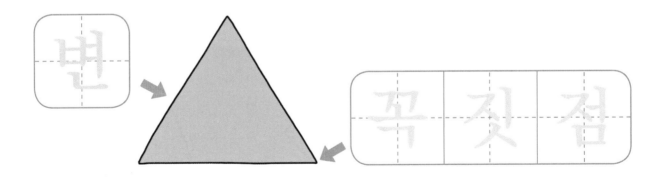

- 삼각형의 변은 _____ 개예요.

- 삼각형의 꼭짓점은 _____ 개예요.

참 잘했어요

➡️ 그림과 같은 모양을 사각형이라고 해요.

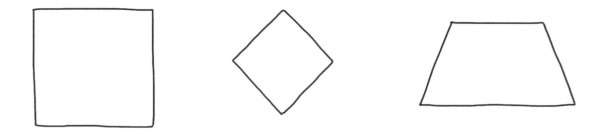

사 각 형 사 각 형

사각형의 변과 꼭짓점 알기

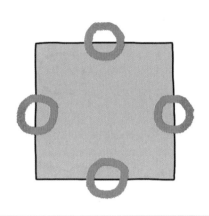

사각형의 곧은 선을
변 이라고 해요.

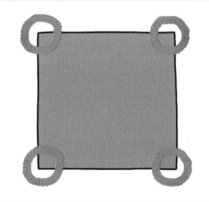

뾰족한 부분이에요.
변 2개가 만나는 점을
꼭짓점 이라고 해요.

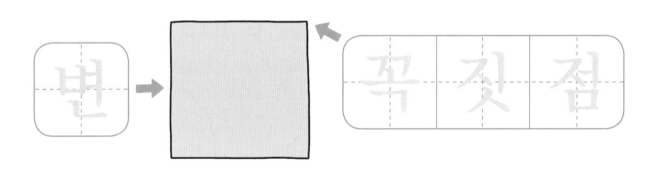

• 사각형의 변은 ＿＿＿ 개예요.

• 사각형의 꼭짓점은 ＿＿＿ 개예요.

점선따라 그리고 원 알기

➡️ 그림과 같은 모양을 원이라고 해요.

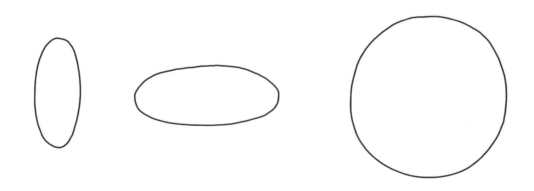

알맞은 모양과 이름 연결하기

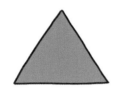 •　　　　　• 변

 •　　　　　• 삼각형

 •　　　　　• 꼭짓점

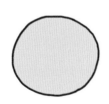 •　　　　　• 사각형

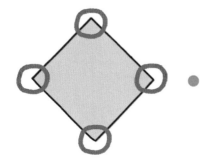 •　　　　　• 원

여러 가지 모양 찾기

원 찾기

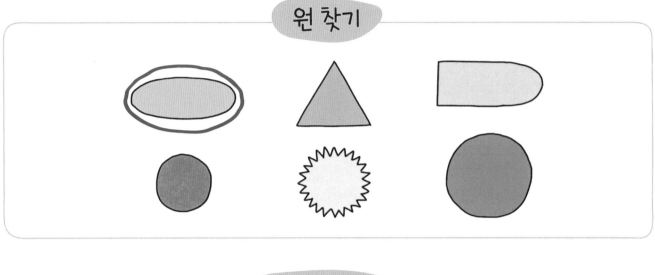

삼각형 찾기

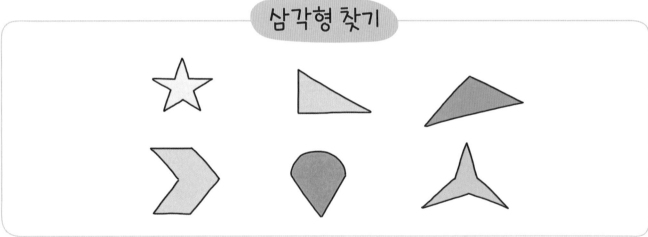

사각형 찾기

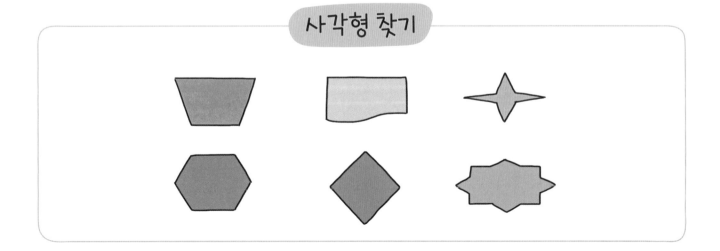

변과 꼭짓점 찾기

변 찾기

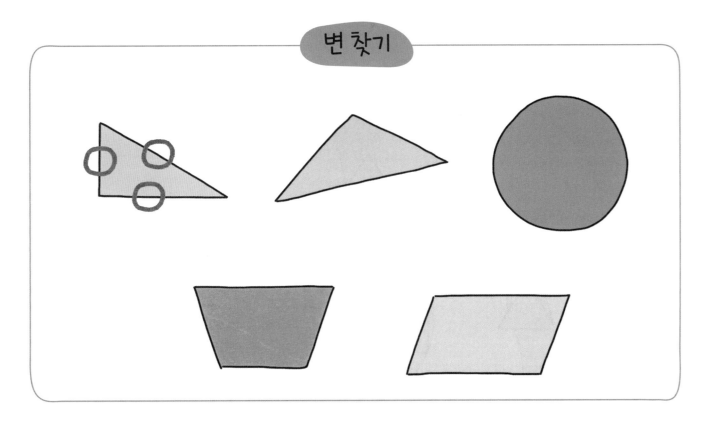

꼭짓점 찾기

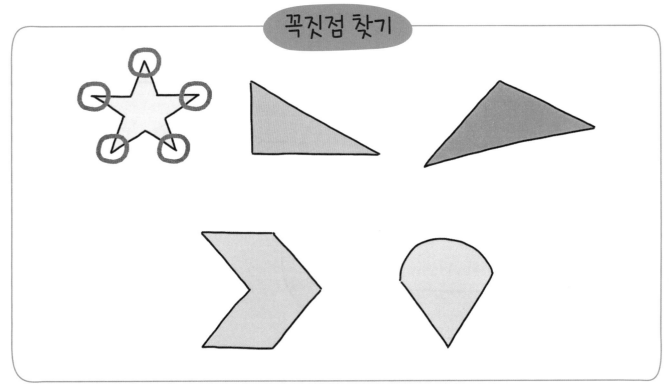

변과 꼭짓점 찾기

아이스크림 가게까지 삼각형 따라가기

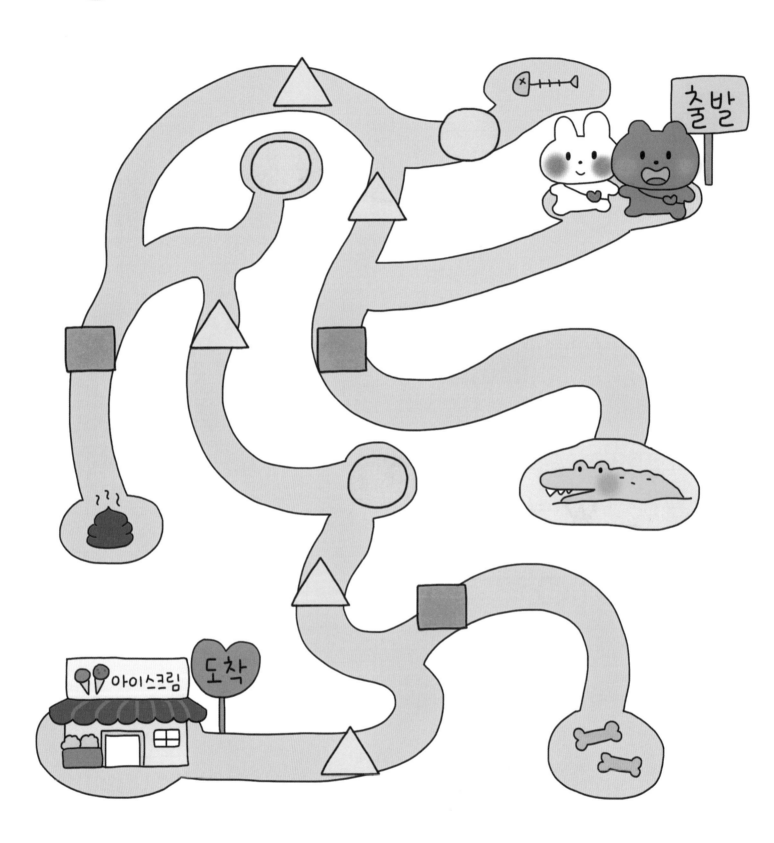

오늘 새 옷을 입었어요.
원, 삼각형, 사각형에 색칠하여
알록달록 예쁘게 꾸며 보세요.

5

모양 그리기

집에 있는 물건 대고 그리기

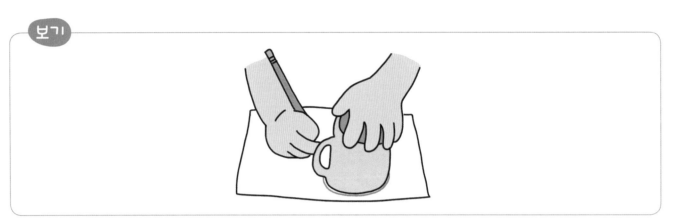

컵

지우개

여러 가지 모양 색칠하기

모양따라 그리기

모양따라 그리기

여러 가지 삼각형과 사각형 그리기

창 잘했어요

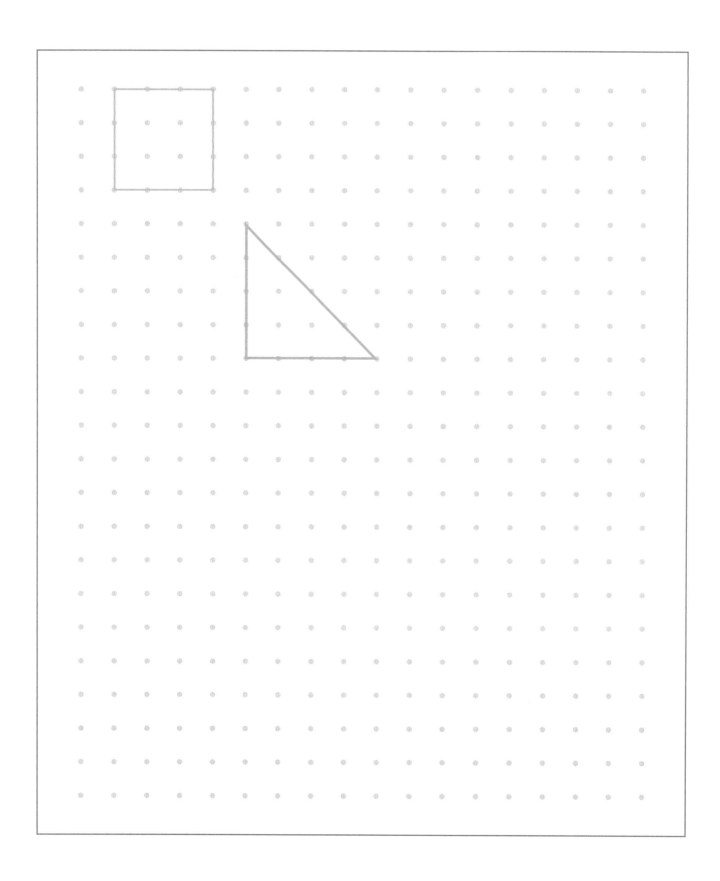

모양에 어울리는 도형 찾아 연결하기

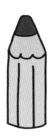

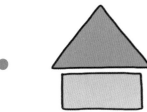

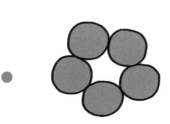

그림 속 점선따라 그리기

그림 속 점선따라 그리기

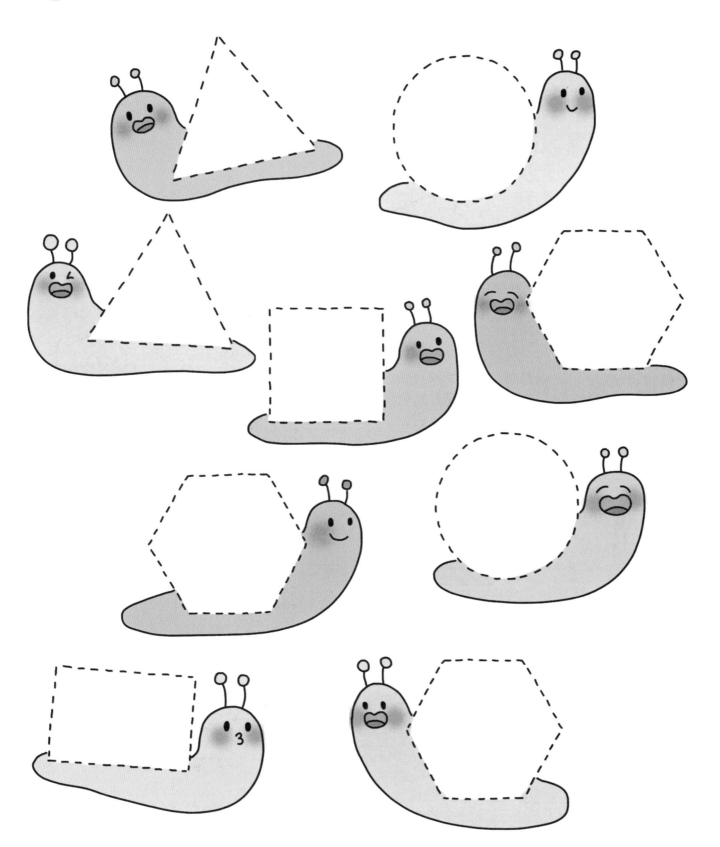

그림 속 점선따라 그리기

칠교 조각 스티커로 여러 모양 만들기

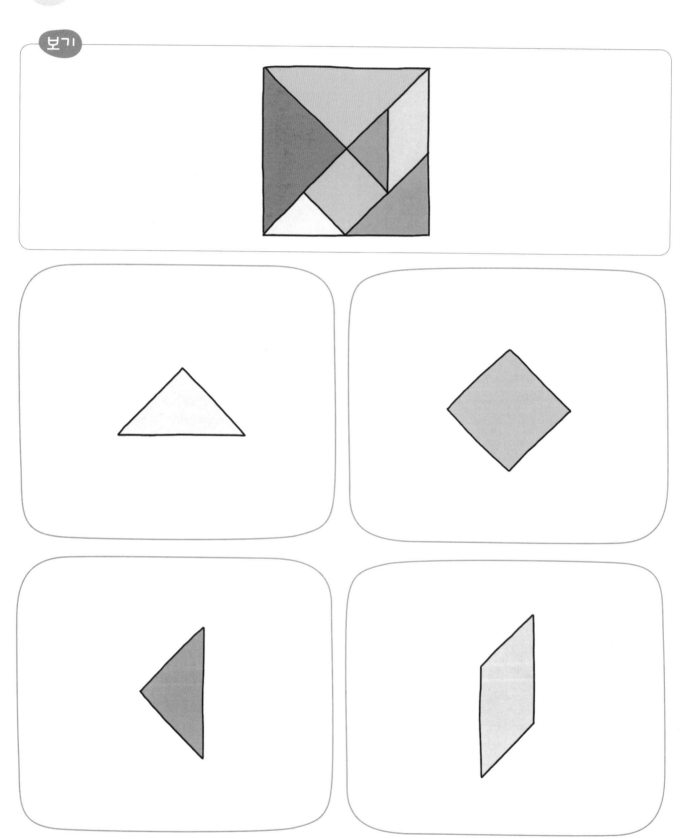

숨은 삼각형, 사각형, 원 찾기

보기

숨은 삼각형, 사각형, 원 찾기

도형에 색칠하여 꽃과 성 완성하기

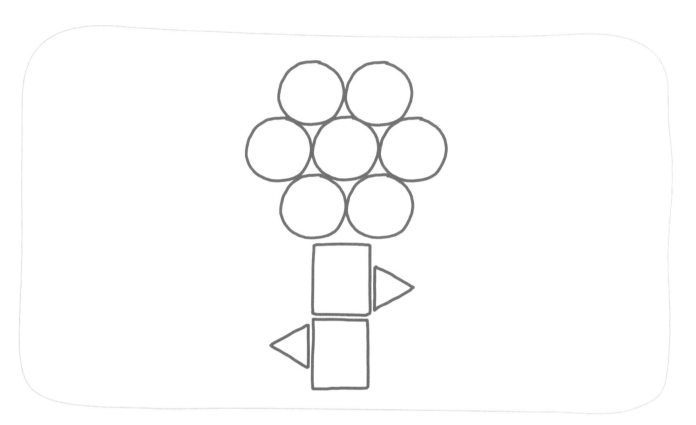

도형에 색칠하여 기차와 포도 완성하기

참 잘했어요

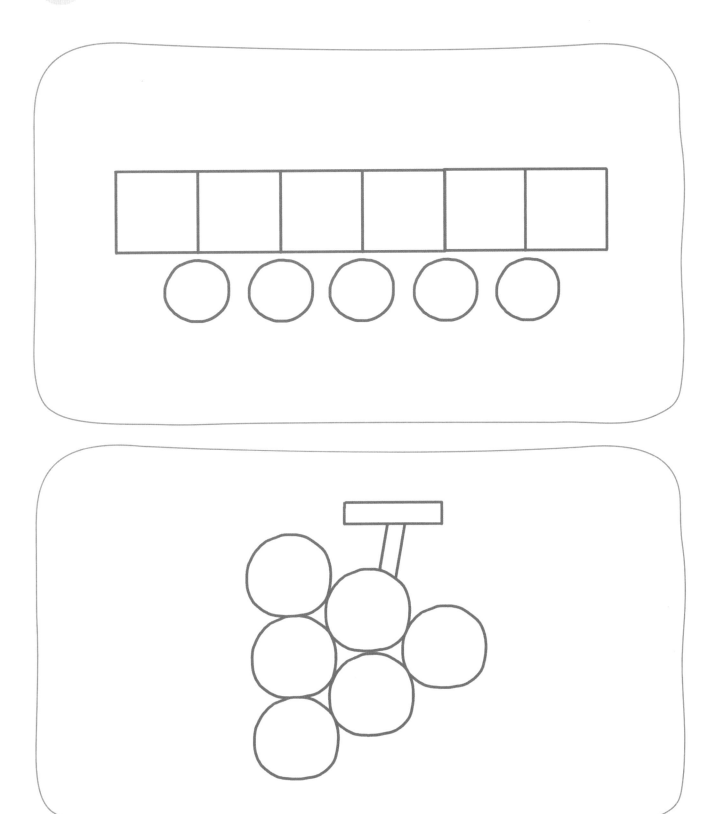

도형 스티커로 자유롭게 옷 꾸미기

삼각형, 사각형, 원을 활용하여 내 모습을 그려 보세요.

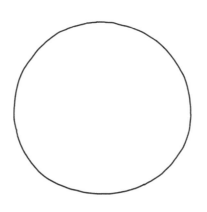

정답

12 ~ 13쪽

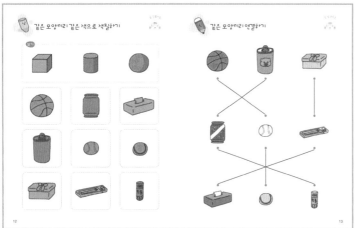

14 ~ 15쪽

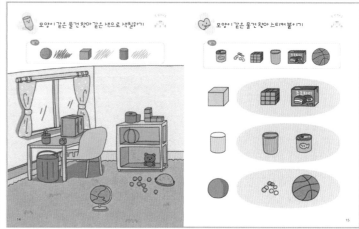

16 ~ 17쪽

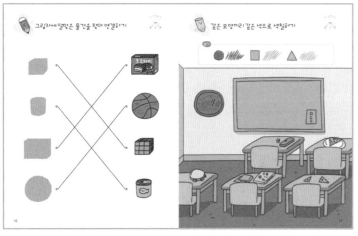

18 ~ 19쪽

20 ~ 21쪽

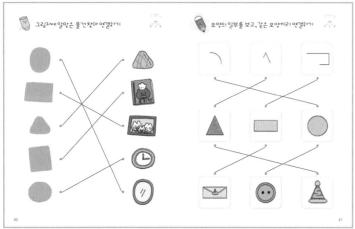

22 ~ 23쪽

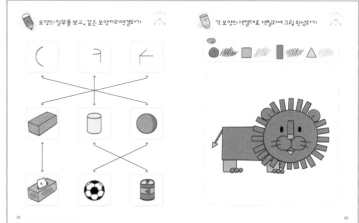

24 ~ 25쪽

28 ~ 29쪽

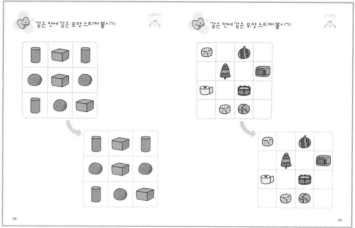

30 ~ 31쪽

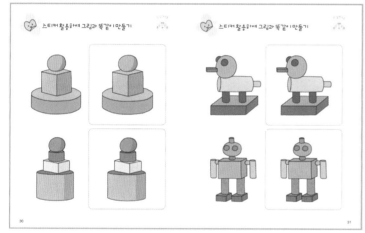

32 ~ 33쪽

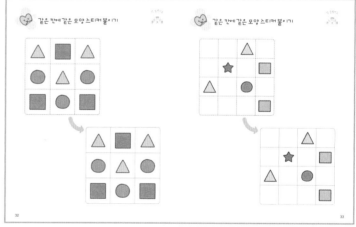

34 ~ 35쪽

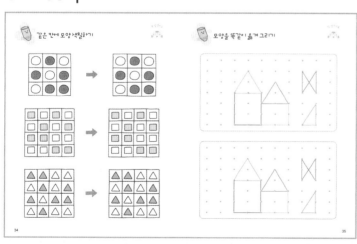

36 ~ 37쪽

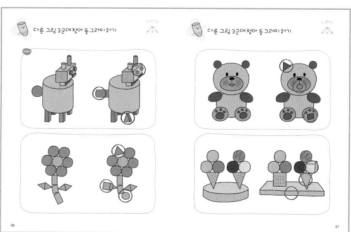

38 ~ 39쪽

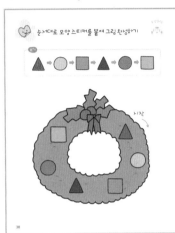

42 ~ 43쪽

44 ~ 45쪽

46 ~ 47쪽

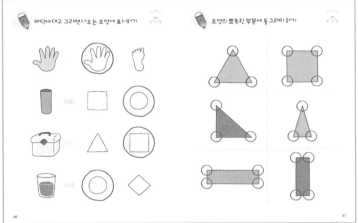

48 ~ 49쪽

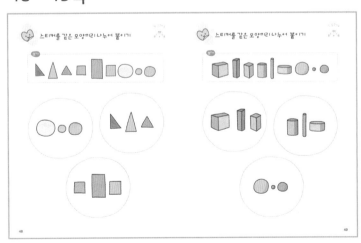

50 ~ 51쪽

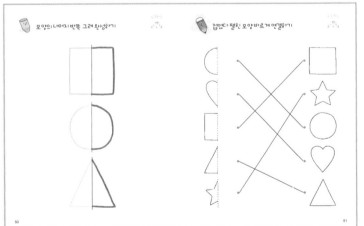

52 ~ 53쪽

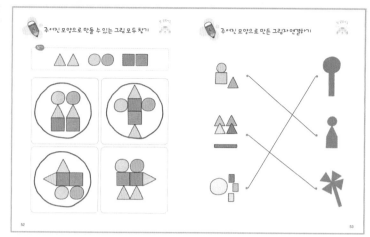

54 ~ 55쪽

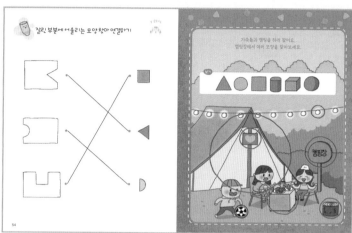

58 ~ 59쪽

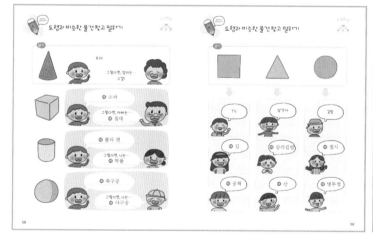

60 ~ 61쪽

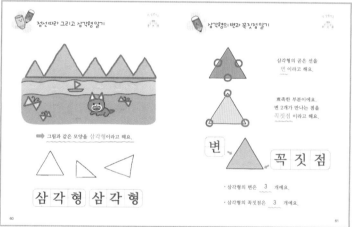

62 ~ 63쪽

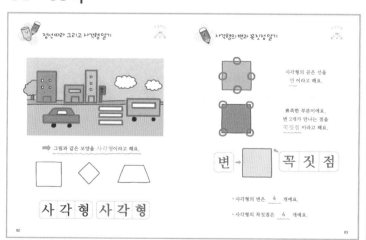

64 ~ 65쪽

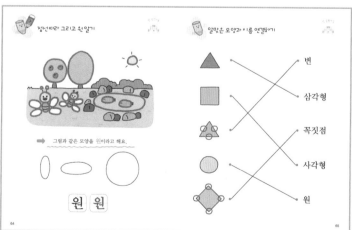

정답

66 ~ 67쪽

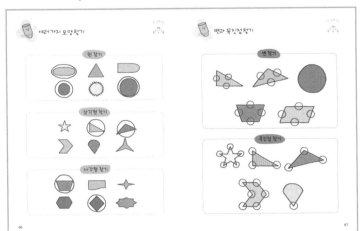

68 ~ 69쪽

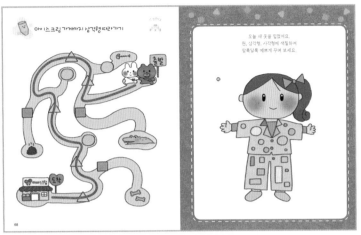

72 ~ 73쪽

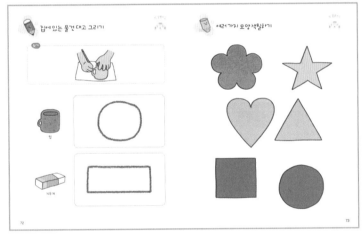

76 ~ 77쪽

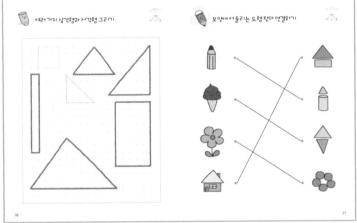

82 ~ 83쪽

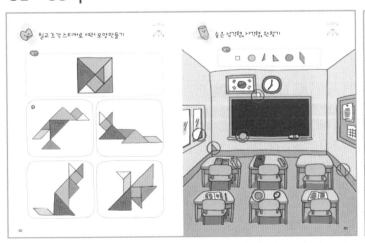

86 ~ 87쪽

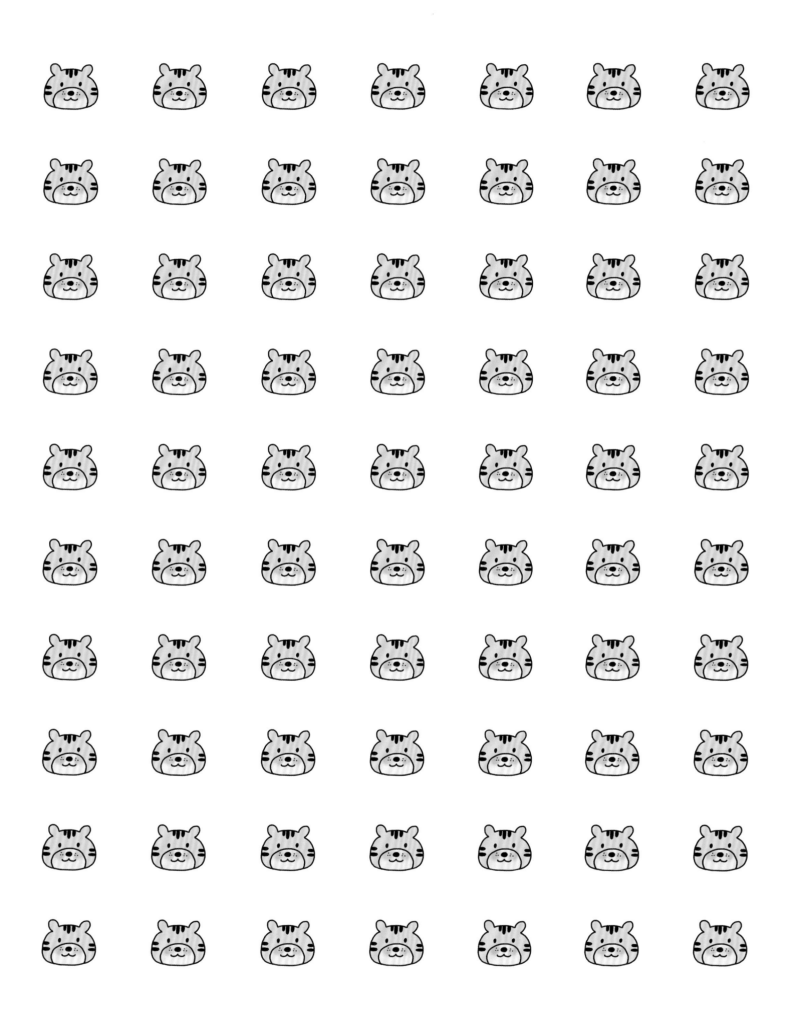

-15쪽

-28쪽

-29쪽

-30쪽

-31쪽

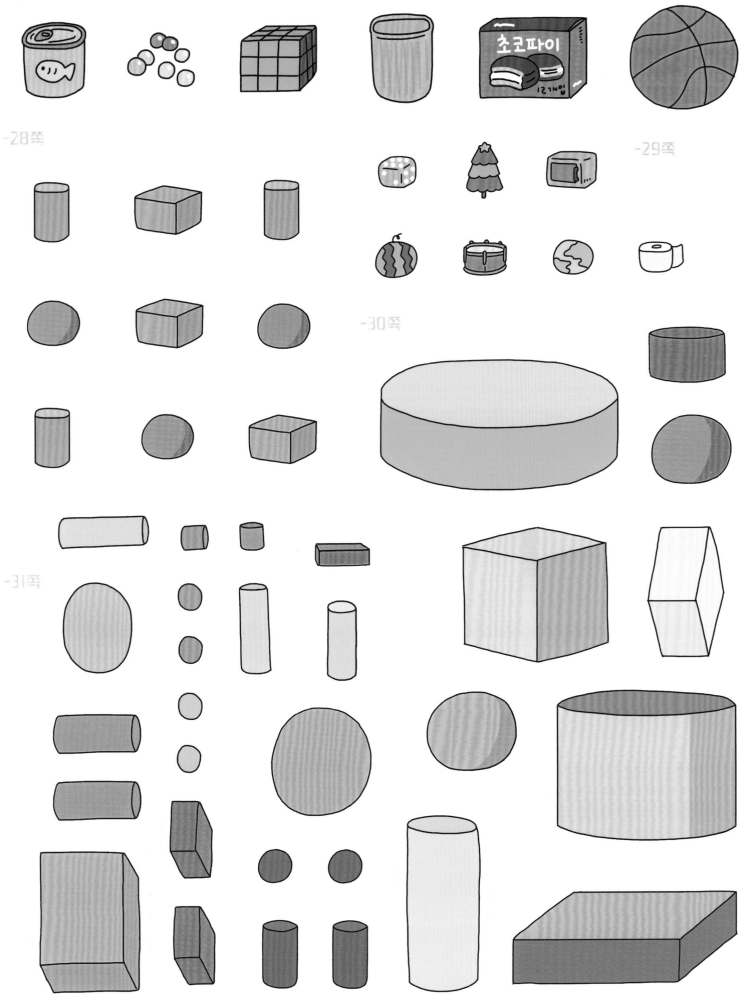

초코파이

12개입

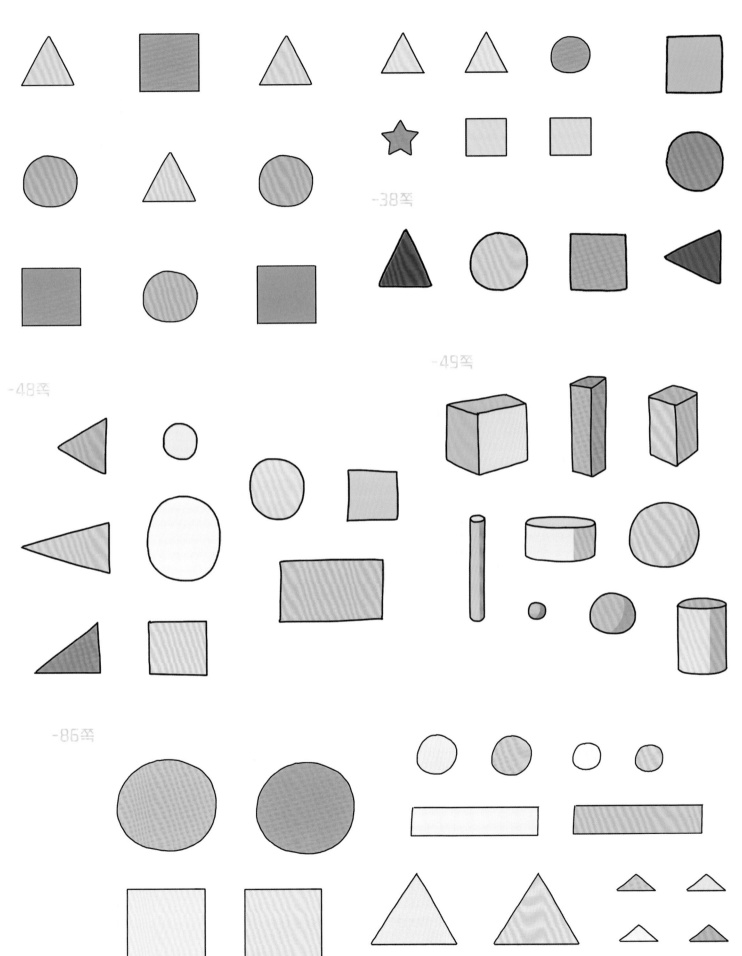

-32쪽

-33쪽

-38쪽

-49쪽

-48쪽

-86쪽